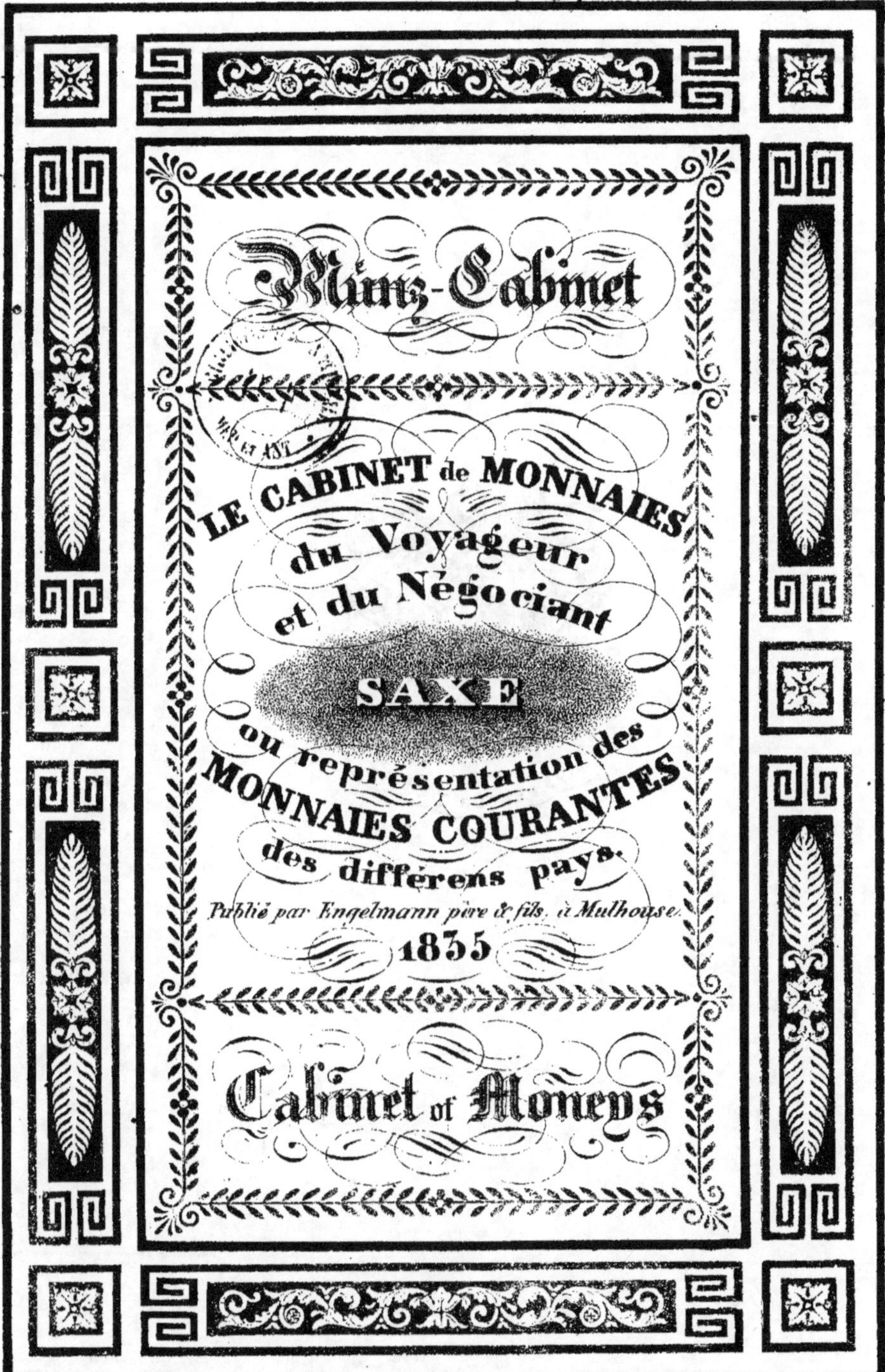

Lithographie de ENGELMANN PÈRE & FILS, à Mulhouse.

PLVS PENSER QVE DIRE.

MÜNZ-CABINET
des
Reisenden und des Kaufmanns,
oder
Abbildungen
von
CURRENTEN MÜNZEN
der verschiedenen Länder,
nebst Angabe
ihres Feingehaltes und verhältnißmäßigen Werthes in den bekanntesten Geldsorten

---

Gesammelt und herausgegeben von Engelmann père & fils
in Mulhausen, Ober-Rhein.

SACHSEN.

Le Cabinet de Monnaies
du VOYAGEUR et du NÉGOCIANT
ou Représentation
des Monnaies courantes
DES DIFFÉRENS PAYS
avec l'indication de leur titre et de leur valeur relative aux espèces les plus connues

---

Recueillies et publiées
par ENGELMANN PÈRE & FILS,
à Mulhouse ht. Rhin

SAXE

The Traveller's and Merchant's
CABINET of MONEYS
or
Representation of the current Coins
of the different Countries
with the indication of their standard and realive value to the most known species

Collected and published by Engelmann père & fils.
Mulhausen, Haut-Rhin.

SAXONY.

C. Baumann scr.

In Commission bey Sig. Schmerber in Frankfurt a/M. und bey Del-Vecchio in Leipzig.

In Sachsen rechnet man in Reichsthalern; es sind aber niemals diese geprägt worden und es ist bloß eine fingierte Münze. Die Sächsischen Reichsthaler gewinnen ungefähr 3% laut cours gegen die Preußischen. Im gemeinen Leben rechnet man in Sachsen in Preußischer Währung.

Papiergeld

Es gibt in Sachsen sogenannte Kassenbillets von 1 und 2 Reichsthaler, ihr cours ist gewöhnlich dem Silbergelde gleich, man trifft daran jedoch im gewöhnlichen Verkehr wenig an.

---

78 Sächsische Reichsthaler können als Pari von 300 Francs de France angesehen werden oder 1 Thaler 3 Francs 90 Centimes.

Fremde Münzsorten.

untenstehende haben zu folgendem Werth cours.

	Nominal-Werth		gewinnen mehr oder weniger	verlieren mehr oder weniger	Werth im gemeinen Leben	
	Rth.	gr.			Rth.	gr.
Gold						
Holländische und andere Dukaten	2	18	13%	—	3	3
Friedrichs d'Or, Louis d'Or &c.	5	—	10%	—	5	16
Louis d'Or de France	6	8	—	3%	6	6
Max d'Or	4	5	—	3%	4	2
Souverain d'Or	—	—	—	—	9	—
Napoleon d'Or	—	—	—	—	5	4
Silber						
Französische 6 Livres-Thaler	1	14	—	2%	1	13
Brabanter-Thaler	1	12	—	½%	1	12
Französische 5 francs-Stücke	—	—	—	—	1	6½

En Saxe on compte en Rixdales mais il n'en a jamais été frappé et ce n'est qu'une valeur imaginaire. Ces Rixdales de Saxe gagnent environ 3 % suivant cours sur celles de Prusse. Dans la vie commune on compte généralement en Saxe en valeur de Prusse.

Papier monnaie.

Il existe en Saxe des billets de Caisse de 1 & de 2 Rixdales, leur cours est égal à celui de l'argent monnayé, on en voit peu en circulation.

78 Rixdales de Saxe peuvent être considérées comme le pair de 300 Francs de France soit 1 Ecu 3 Francs 90 Centimes.

Monnaies étrangères.

celles ci dessous y ont cours aux prix suivants

	Valeur nominale		gagnent plus ou moins	perdent plus ou moins	Valeur dans la vie commune	
	Rx.	gr.			Rx.	gr.
Or						
Ducats d'Hollande et autres	2	18	15 %	—	3	3
Frédéric d'or, Louis d'or &c.	5	—	10 %	—	5	16
Louis d'or de France	6	8	—	3 %	6	6
Max d'or	4	5	—	3 %	4	3
Souverain d'or	—	—	—	—	9	—
Napoléon d'or	—	—	—	—	5	4
Argents						
Ecu de 6 livres de France	1	14	—	2 %	1	13
Ecu de Brabant	1	12	—	1/2 %	1	12
Pièces de 5 francs de France	—	—	—	—	1	6½

In Saxony they make their accounts in Rix-dollars which however never existed, & are an imaginary coin. The Saxon Rix-dollar is worth about 3% more than the prussian. The prussian money is generally adopted in Saxony.

Paper money.

They have in Saxony Cash notes of 1 & 2 Rix-dollars, their currency is equal to that of the metallic currency. there are few in circulation.

78 Saxon dollars may be considered of the same value as 300 french francs, 1 dollar is equal to 3 francs 90.c

Foreign moneys.

the undermentioned moneys are taken at the following currency.

	Nominal value		winn more or less.	lose more or less.	value in common circulation	
	Rx.	gr.			Rx.	gr.
Gold.						
Holland & other ducats	2	18	15 %	—	3	3
Frédéric d'or, Louis d'or &c.	5	—	10 %	—	5	16
Louis d'or french	6	8	—	3 %	6	6
Max d'or	4	5	—	3 %	4	2
Sovereign d'or	—	—		—	9	—
Napoleon d'or	—	—	—	—	5	4
Silver.						
Dollars of 6 livres french	1	14	—	2 %	1	13
Dollars of Brabant	1	12	—	1/2 %	1	12
5 francs french	—	—	—	—	1	6½

Zur Abkürzung sind die Münzsorten in allen Tabellen wie folgt bezeichnet:

Rx. gr. Reichsthaler und Groschen. 1 Rx hat 24 gr.

fl. x. Gulden und Kreuzer Rheinisch oder im 24 Gulden Fuß, deren 24 auf eine Köllnische Mark fein Silber gehen. Dieser Gulden ist also um 1/6 weniger werth als der ₵. 1 fl. hat 60x.

₵. x. Florin courant und Kreuzer oder im 20 Gulden Fuß, das will sagen daß 20 solcher Gulden auf eine Köllnische Mark fein Silber gehen. 1 ₵ hat 60x.

F. c. Franken und centimes Französisch. 1 F. hat 100c.

£. shl. Pce Pfund Sterling, Schilling und Penny Englisch. 1 Pfund hat 20 Shl. zu 12 Pce.

Pour désigner les différentes monnaies on s'est servi des abréviations suivantes:

Rx. gr. Rixdale et gros. 1 Rixdale a 24 gros

fl. x. Florin et Kreuzer du Rhin ou sur le pied de 24 Florins pour un Marc de Cologne argent fin, ce florin vaut en conséquence 1/6 de moins que le ₵. 1 fl. a 60x.

₵. x. Florin courant et Kreuzer, ou sur le pied de 20 Florins pour un Marc de Cologne argent fin, il a également 60x.

F. c. Franc et Centime de France, le Franc a 100 Centimes

£. shl. Pce Livre Sterling, Shilling et Penny d'Angleterre, la livre sterling a 20 shl. et le shl. 12 P.

The following marks represent for shortness sake the different money:

Rx. gr Rix-dollar and groshes 1 Rix-dollar has 24 groshes.

fl. x. Florin and Kreuzer of the Rhine, at the rate of 24 to a mark of Cologne. The fl. has 60x.

₵. x. Florin courant and Kreuzer 20 to a mark of Cologne the ₵ has 60x.

F. c. Franc and Centime. The franc has 100 centimes.

£. shl. Pce Pound Shilling and Penny 1 pound has 20 Shillings and a Shilling 12 Pence.

Geh. 23 K. 8 Gr.
Titre 979/1000.

Geh. 21 K. 8 Gr.
Titre 898/1000

Geh. 21 K. 8 Gr.
Titre 896/1000

Dukaten	Ducat	Ducat
Er hat gleichen cours mit den Oesterreichischen, Holländischen &c. Werth. Rx. 3.3 gr. Sächsisch mehr oder weniger laut cours. „ 3.6 gr. Preussisch mehr oder weniger laut cours. fl. 5.24 kr. mit circa 10% agio „ 5.36 kr. im gem. Leben. ₰ 4.30 kr. mit 4 à 5% agio F. 11.75 c. de France. Shl. 9. 9 P. Englisch.	Il a même cours que ceux d'Autriche, de Hollande &c. Valeur Rx. 3.3 gr. de Saxe plus ou moins s. cours. „ 3.6 gr. de Prusse plus ou moins s. cours. fl. 5.24 kr. avec env. 10% d'agio „ 5.36 dans la vie comm. ₰ 4.30 avec 4 à 5% d'agio F. 11.75 c. de France Shl. 9. 9 P. d'Angleterre	The same value as those of Austria, Holland &c. Value Rx. 3.3 gr. of Saxony more or less according to currency. „ 3.6 gr. Prussian more or less. fl. 5.24 kr. with about 10% discount „ 5.36 in common circulation ₰ 4.30 with about 10% discount F. 11.75 c. French Shl. 9. 9 P. English.
Doppelter August d'Or	**Double Auguste d'or**	**Double Auguste d'or**
Er hat gleichen Werth wie ein doppelter Fried. d'or gewöhnlich Louis d'or genannt. Werth. Rx. 10.— Sächsisch mit circa 10% agio „ 10.— Preussisch mit circa 12% agio „ 11.8 gr. im gem. Leben. fl. 19.40 kr. ₰ 16.24. F. 42.— französisch £ 1. 14 Shl. 6 Pce englisch.	Il a même valeur que les doubles Fréd. d'or appelés communément Louis d'or Valeur Rx. 10.— de Saxe avec environ 10% d'agio „ 10.— de Prusse avec environ 12% d'agio. „ 11.8 gr. dans la vie commune. fl. 19.40 kr. ₰ 16.24. F. 42.— de France. £ 1. 14 Shl. 6 Pce d'Anglet.	Same value as the double Frederic d'or generally called Louis d'or Value Rx. 10.— of currency with about 10% discount. „ 10.— Prussian with about 12% discount. „ 11.8 gr. in common circulation. fl. 19.40 kr. ₰ 16.24. F. 42.— french. £ 1. 14 Shl. 6 Pce english.
August d'Or	**Auguste d'or**	**Auguste d'or**
Hat cours wie der Doppelten. Werth. Rx. 5.— Sächsisch mit circa 10% agio. „ 5.— Preussisch mit circa 12% agio. „ 5.16 gr. im gem. Leben. fl. 9.50 kr. ₰ 8.12. F. 21.— französisch Shl. 17. 3 Pce englisch.	A cours comme les doubles. Valeur Rx. 5.— de Saxe avec env. 10% d'agio. „ 5.— de Prusse avec env. 12% d'agio. „ 5.16 dans la vie commune. fl. 9.50 kr. ₰ 8.12. F. 21.— de France. Shl. 17. 3 Pce d'Angleterre.	The same currency as the double. Value Rx. 5.— Saxon with about 10% discount 5 Prussian with about 12% discount 5.16 common circulation fl. 9.50 kr. ₰ 8.12 F. 21.— french. Shl. 17. 3 Pce english.

Ecus de Convention. — Conventions Thaler

Geb: 13 L. 6 Gr.
Titre 833/1000

Ecus de Convention. — Conventions-Thaler.

Geh. 13 L. 6 Gr.
Titre 833/1000

GOTT SEGNE SACHSEN
ANTON V. G. G. KOENIG VON SACHSEN
ZEHN EINE FEINE MARK
S
1830
GOTT SEGNE SACHSEN
ANTON V. G. G. KOENIG VON SACHSEN
SEGEN DES BERGBAUS
S
X EINE 1830. F. MARK.
fein 13 L. 6 Gr.
Titre 833/1000
ZEHN EINE FEINE MARK
ANTON KOENIG UND FRIEDRICH AUGUST MITREGENT
VON SACHSEN

Conventions oder Species-Thaler.	Ecu de convention.	Convention Dollar.
Er hat cours in Oestreich und verschiedenen andern Ländern Deutschlands	Il a cours en Autriche et en beaucoup d'autres pays de l'Allemagne	Is current in Austria and in several other countries of Germany
Werth	**Valeur**	**Value.**
Rthlr 1. 8 gr. Sächsisch " 1.10. Preussisch mehr oder weniger laut cours.	Rx: 1. 8 gr. de Saxe " 1.10 " de Prusse plus ou moins suivt cours.	Rx: 1. 8 gr. Saxon " 1.10. prussian mor or less according to currency.
fl. 2 . 24 x.	fl. 2 . 24 x.	fl. 2 . 24 x.
₰. 2 . —	₰ 2 —	₰. 2 . —
F. 5 . 20 c.	F. 5 20 c.	F. 5 . 20 c.
Shl. 4 , 2 P.	Shl. 4 2 P.	Sh. 4 . 2 P.

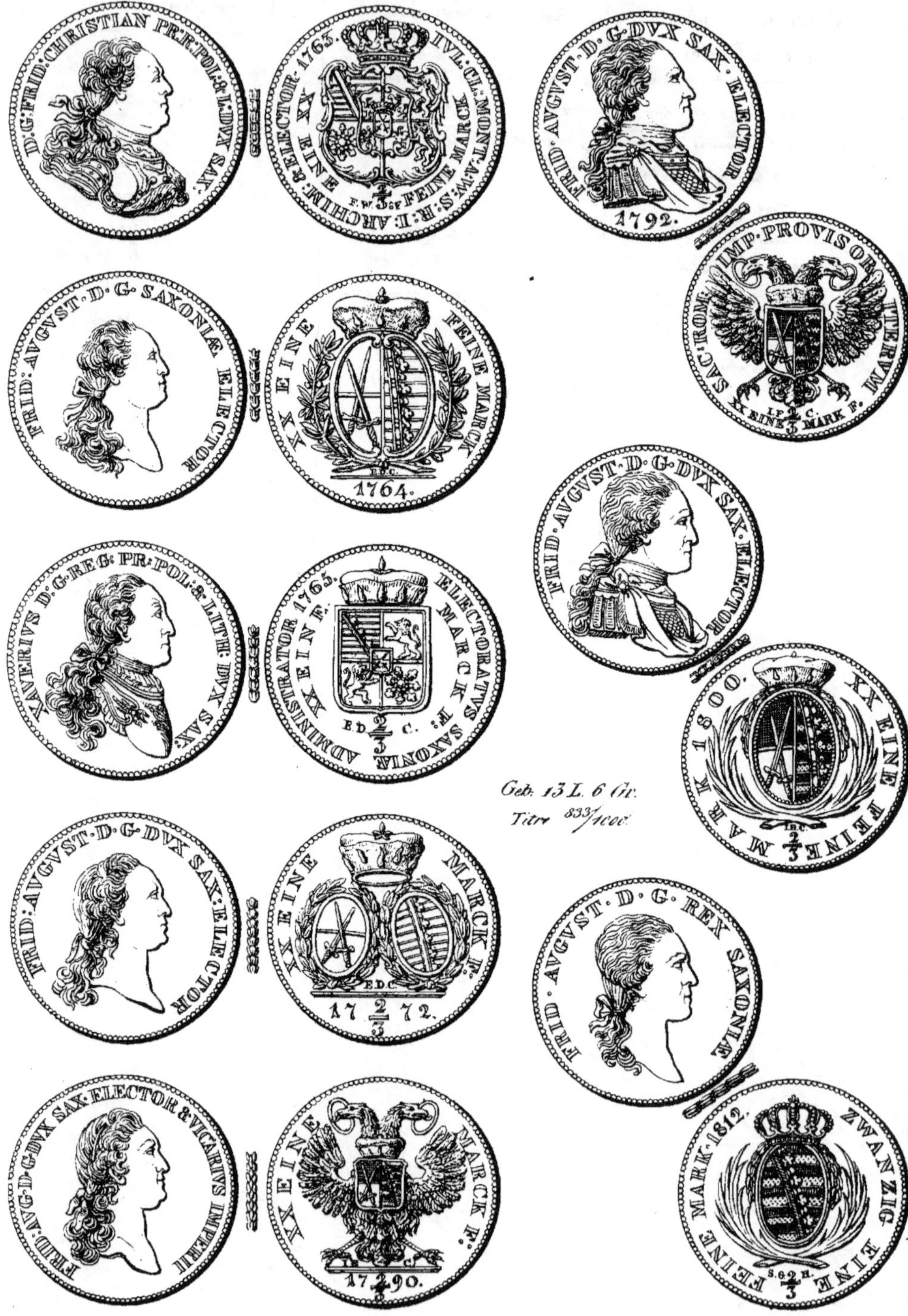
D·G·FRID·CHRISTIAN PR·R·POL·& L·DVX SAX·
IVL·CL·MONT·A·W·S·R·I·ARCHIM·& ELECTOR·1763·
XX EINE FEINE MARCK
FRID·AVGVST·D·G·DVX SAX·ELECTOR
1792.
SAC·ROM·IMP·PROVISOR·ITERVM
XX EINE MARK F.
FRID·AVGVST·D·G·SAXONIÆ ELECTOR
XX EINE FEINE MARCK
1764.
FRID·AVGVST·D·G·DVX SAX·ELECTOR
XX EINE FEINE MARK 1800.
XAVERIVS D·G·REG·PR·POL·& LITH·DVX SAX·
ADMINISTRATOR 1765. ELECTORATVS SAXONIÆ
XX EINE F. MARCK
Geb. 13 L. 6 Gr.
Titre 833/1000
FRID·AVGVST·D·G·DVX SAX·ELECTOR
XX EINE MARCK F.
17 72.
FRID·AVGVST·D·G·REX SAXONIÆ
FRID·AVG·D·G·DVX SAX·ELECTOR & VICARIVS IMPERII
XX EINE MARCK F.
1790.
ZWANZIG EINE FEINE MARK·1812.

½ Conventions- oder Species-Thaler
2/3 Reichsthaler oder 16 Groschen Sächsisch
fl. 1. 12 x
₽ 1. –
F. 2. 60 c
Shl. 2. 4 P

Dieses Stück so wie die kleinern Münzen haben in Preußen nicht cours und werden überhaupt in wenig Ländern für ihren Werth genommen.

½ Ecu de Convention.
2/3 Rixdale ou
16 Gros de Saxe.
fl. 1. 12 x
₽ 1. –
F. 2. 60 c
Shl. 2. 4 P

Cette pièce ainsi que celles de moindre valeur n'ont point cours en Prusse et sont généralement reçues en peu de pays pour leur valeur.

½ Convention dollar.
2/3 Rix-dollar or
16 Saxon Groshen
fl. 1. 12 x
₽ 1. –
F. 2. 60 c
Shl. 2. 4 P

This coin as well as the smaller ones, are not current in Prussia & are taken in few countries for their real value.

Geh: 13 L. 6 Gr.
Titre 833/1000

1/4 Conventions oder Species Thaler.
1/3 Reichsthaler oder 8 Groschen Sächsisch.
fl: — 36.x
G. — 30.x
F. 1. 30.c
Thl 1. 2.g

1/4 Ecu de Convention
1/3 Rixdale ou 8 Gros de Saxe
fl. — 36.x
G. — 30.x
F. 1. 30.c
Thl 1. 2.g

1/4 Convention dollar
1/3 Rix dollar or 8 Saxon Groschen
fl: — 36.x
G. — 30.x
F. 1. 30.c
Thl 1. 2.g

Geh. 8 L. 12 Gr.
Titre 542/1000

1/8 Conventions oder Species-Thaler.	1/8 Ecu de Convention	1/8 Convention dollar.
1/6 Reichsthaler oder 4 Groschen Sächsisch	1/6 Reixdale ou 4 Gros de Saxe	1/6 Rix-dollar or 4 Saxon groshes.
fl. —. 18 x	fl. —. 18 x	fl. —. 18 x
₽. —. 15 x	₽. —. 15 x	₽. —. 15 x
F. —. 65 c	F. —. 65 c	F. —. 65 c
Shl. —. 7 P	Shl. —. 7 P	Shl. —. 7 P

Geh 7 L.
Titre 438/1000

1/16 Conventions- oder Spezies=Thaler	1/16 Ecu de Convention	1/16 Convention dollar
1/12 Reichsthaler oder 2 Groschen Sächsisch	1/12 Rixdale ou 2 Gros de Saxe	1/12 Rix-dollar or 2 Groshes of Saxony
fl. — 9 x	fl. — 9 x	fl. — 9 x
₵. — 7½ x	₵. — 7½ x	₵. — 7½ x
F. — 32 c	F. — 32 c	F. — 32 c
Shl. — 3½ P	Shl. — 3½ P	Shl. — 3½ P

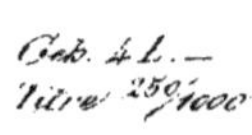

Geh. 4 L. —
Titre 25³/1000.

48
EINEN
THALER
1812

Geh. 4 L. —
Titre 250/1000

III
PFENNIG
1782

1/36 Conventions- oder Speciesthaler. 1/24 Reichsthaler oder 1 Groschen Sächsisch fl. — 4½ x. ƒ. — 3¾ x. F. — 16 c. Shl. — 1¾ P.	1/36 Ecu de Convention 1/24 Rixdale ou 1 Gros de Saxe fl. — 4½ x. ƒ. — 3¾ x. F. — 16 c. Shl. — 1¾ P.	1/36 Convention dollar. 1/24 Rixdollar or 1 Saxon Grosh. fl. — 4½ x. ƒ. — 3¾ x. F. — 16 c. Shl. — 1¾ P.
2/3 Groschen oder 8 Pfenninge.	2/3 Gros ou 8 Pfennigs.	2/3 Grosh or 8 pfennig.
1/2 Groschen oder 6 Pfenninge.	1/2 Gros ou 6 Pfennigs.	1/2 Groshe or 6 pfennig.
1/4 Groschen oder 3 Pfenninge.	1/4 Gros ou 3 Pfennigs.	1/4 Groshe or 3 pfennig

4
PFENNIGE
1808
H.

3
PFENNIGE
1825.
S.
III
PFENNIGE
1803
C.

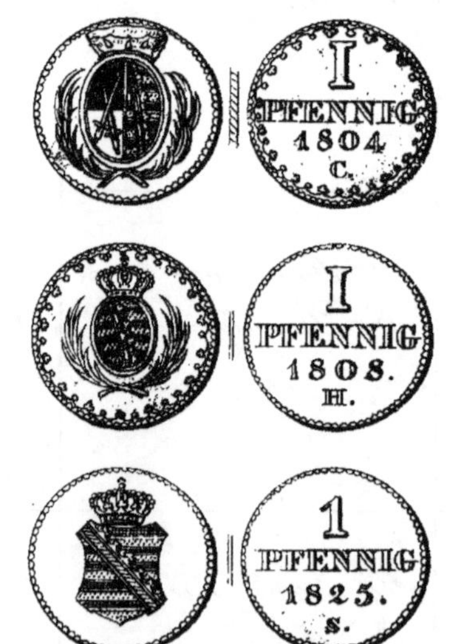
I
PFENNIG
1804
C.
I
PFENNIG
1808.
H.
1
PFENNIG
1825.
S.

I
HELLER
1805.
H.

1/3 Groschen oder 4 Pfennige	1/3 Gros ou 4 Pfennigs	1/3 Grosh or 4 Pfennige
1/4 Groschen oder 3 Pfennige	1/4 Gros ou 3 Pfennig	1/4 Grosh or 3 Pfennige
1 Pfennig.	1 Pfennig.	1 Pfennig.
1/2 Pfennig 1 Heller	1/2 Pfennig ou 1 Heller	1/2 Pfennig or 1 Heller

www.ingramcontent.com/pod-product-compliance
Lightning Source LLC
LaVergne TN
LVHW052024160826
845678LV00003B/1201

9782329633855